Donizete Galvão
ESCOICEADOS

Ilustrações Carlos Clémen
Apresentação Priscila Figueiredo

CASA DE VIRGÍNIA
LIVROS PARA OS CINCO SENTIDOS
edições autorais

Itajubá
2014

UM POEMA, UM LIVRO
volume 1
@Copyright Ana Teresa Marques de Souza,
herdeira Donizete Galvão, 2014

CAPA, ILUSTRAÇÕES E PROJETO GRÁFICO
Carlos Clémen
DIAGRAMAÇÃO

Carlos Clémen
REVISÃO
Equipe Musa

FOTO DO AUTOR
Ruy Proença

Dados Internacionais de Catalogação na Publicação (CIP)
Bibliotecária Juliana Farias Motta CRB7- 5880

G182e Galvão, Donizete, 1955-2014.
Escoiceados / Donizete Galvão ; Ilustrações Carlos Clémen . –
Itajubá, MG: Casa de Virgínia, 2014.
32 p. : il. : color. ; 21cm x 25cm . – (Um poema, um livro. ; v. 1)
ISBN: 978-85-68024-00-3

1. Poesia brasileira.2. Galvão, Donizete, (1955-2014). I. Clémen,
Carlos, Ilus. II. Figueiredo, Priscila, Apres. III. Título. IV. Série.
CDD –B869.1

Índice para catálogo sistemático:

1. Poesia brasileira B869.1
2. Galvão, Donizete (1955-2014)

Todos os direitos reservados.
Impresso no Brasil, 1ª edição, 2014.

CASA DE
VIRGÍNIA

LIVROS PARA OS
CINCO SENTIDOS
edições autorais

Praça Presidente Getúlio Vargas, 01, Sala 4
37500-032 Centro, Itajubá, Minas Gerais
musacomercial@uol.com.br (distribuição)

ESCOICEADOS
Donizete Galvão

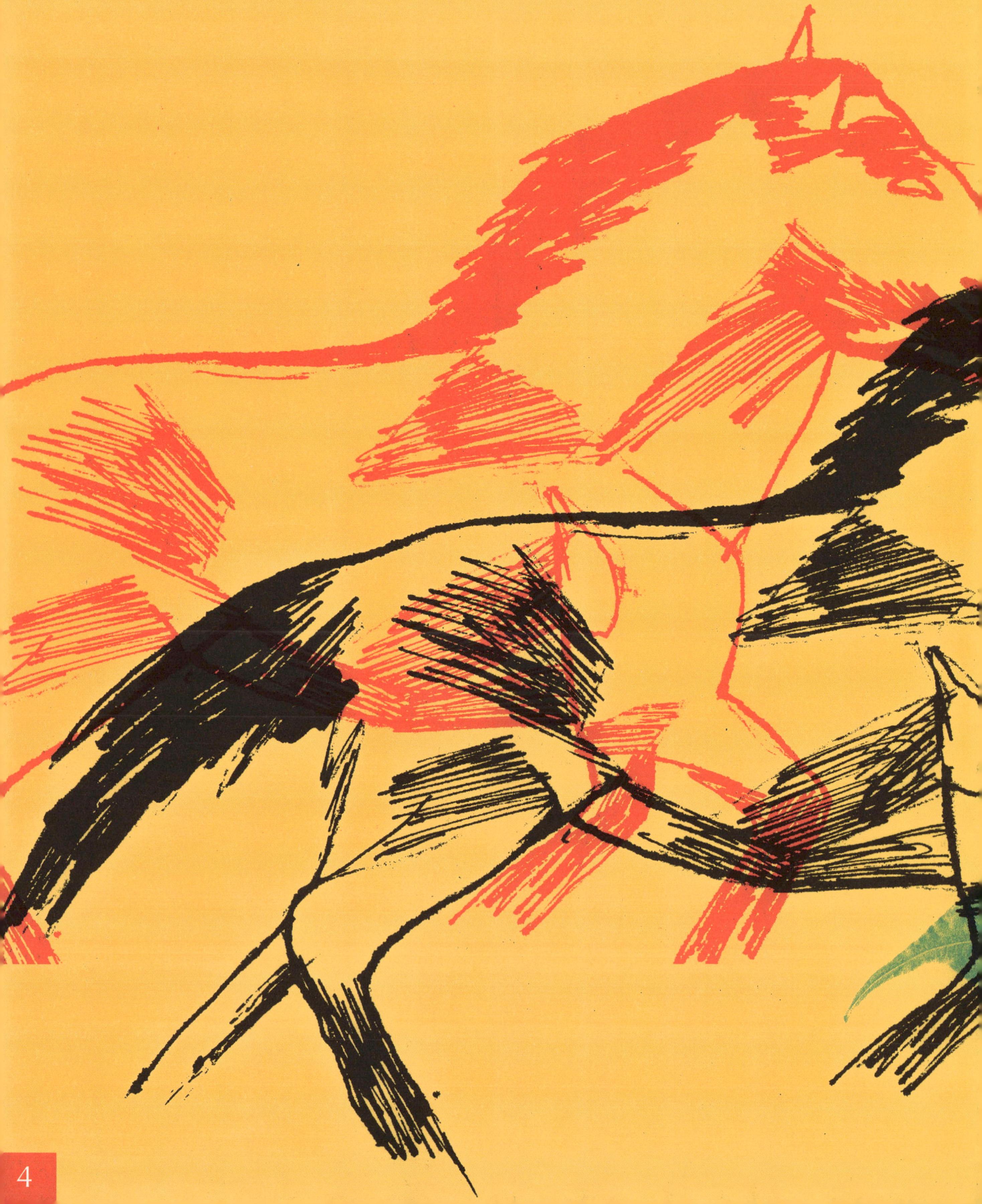

MEU PAI E EU
NUNCA SUBIMOS
NUM ALAZÃO
QUE GALOPASSE
AO VENTO.

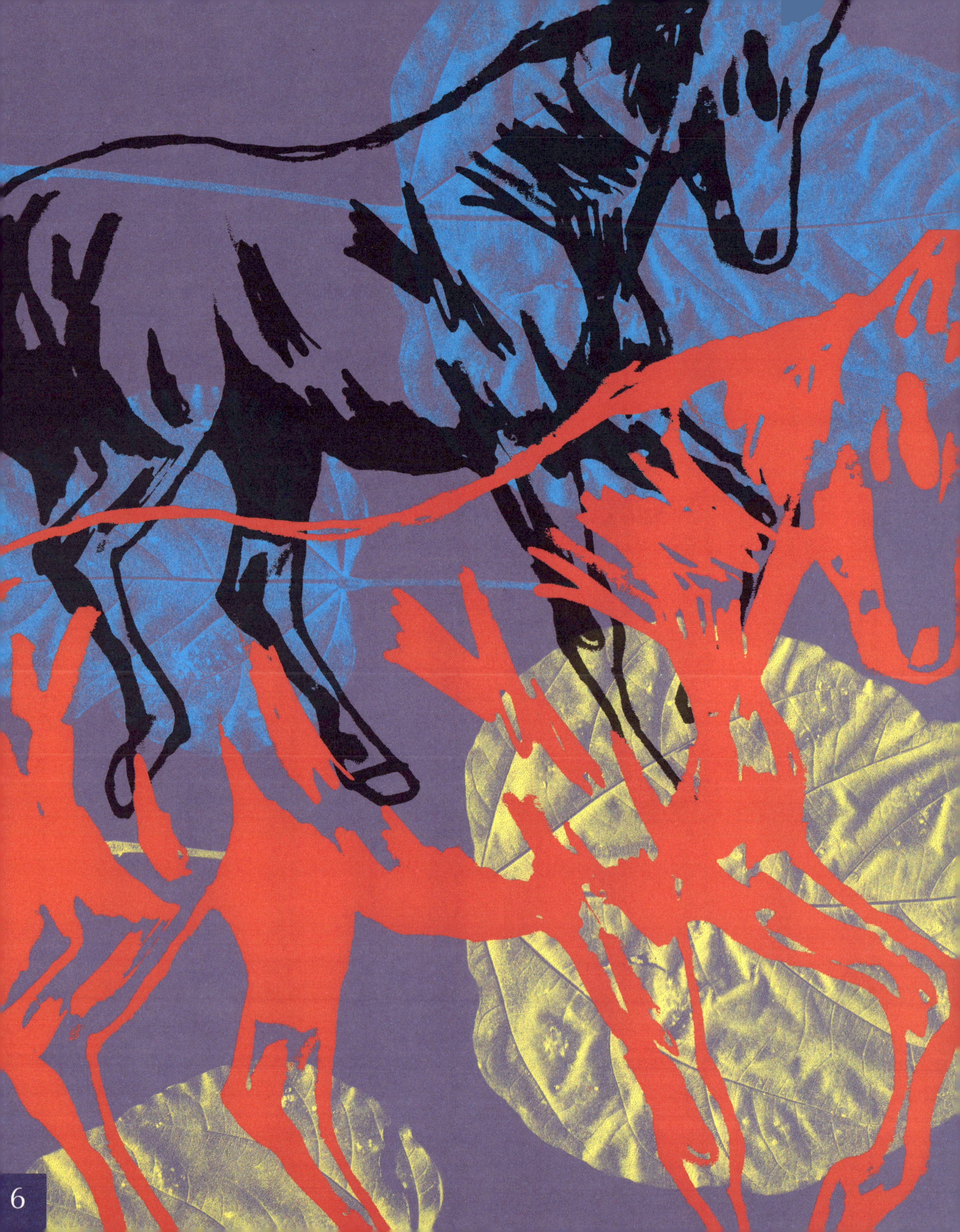

TÍNHAMOS
UM BURRO
CINZA MALHADO:
O LIGEIRO.

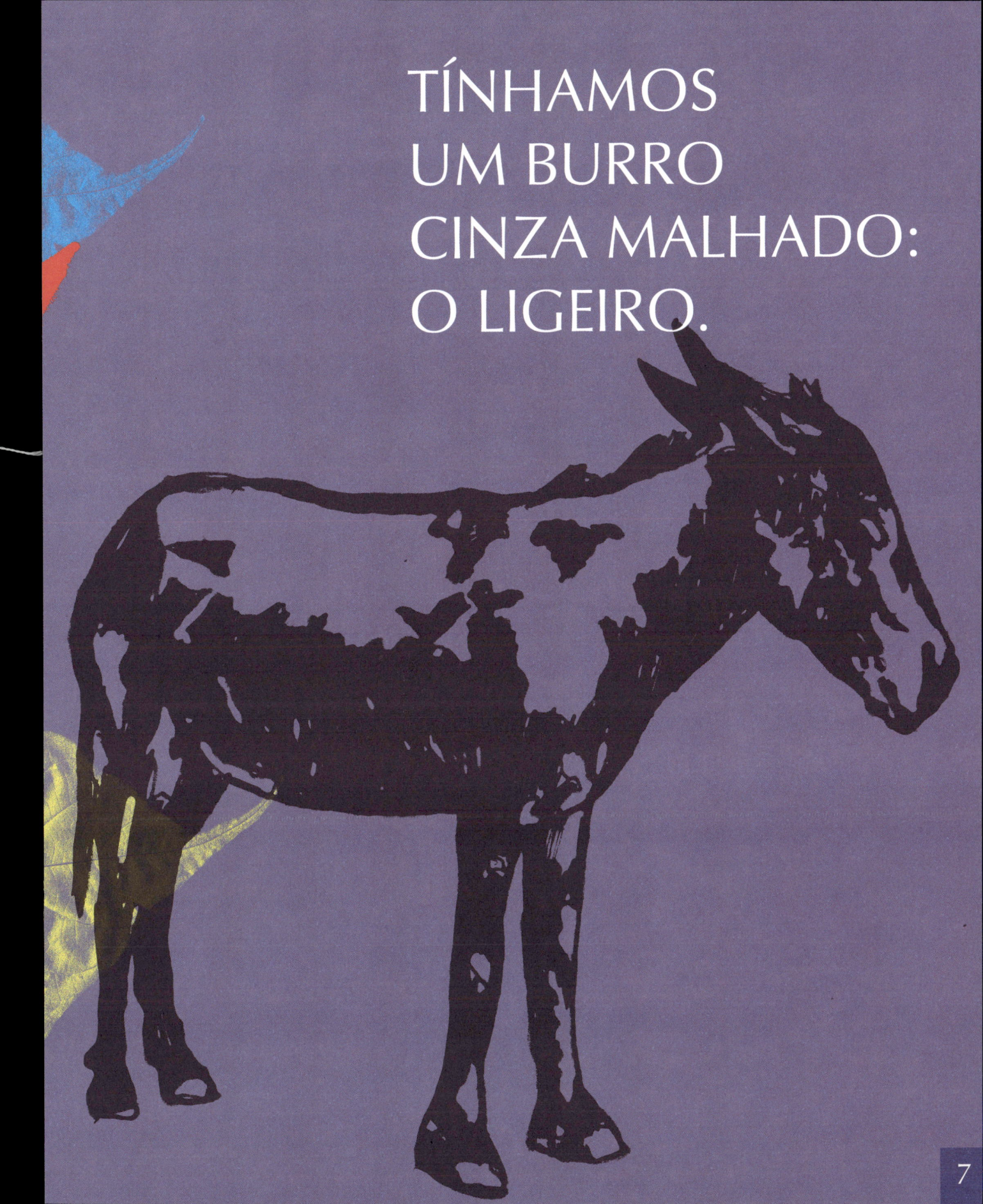

8

FOI APANHADO
DE UM CONHECIDO
POR NINHARIA.

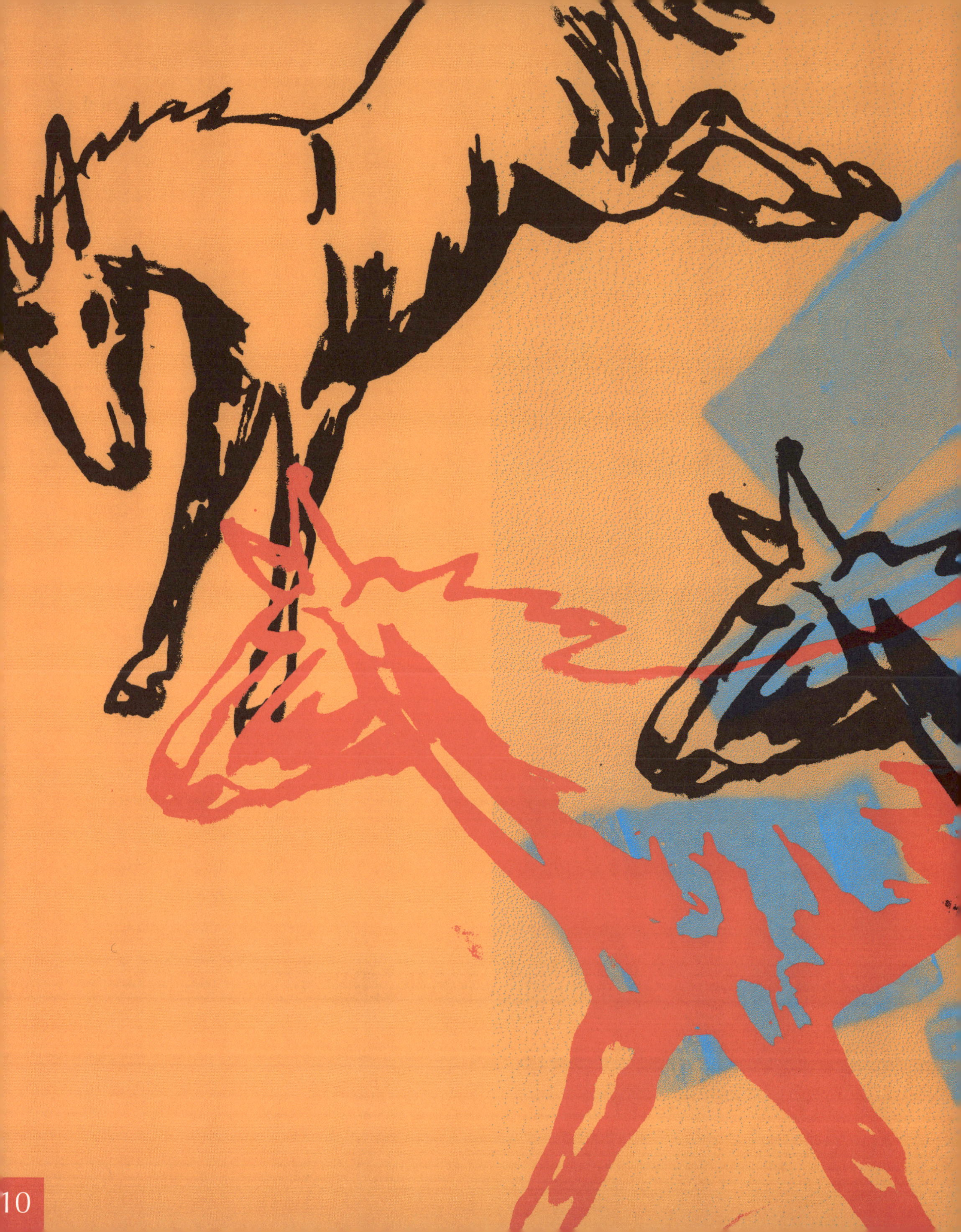

CHEGOU COM FAMA DE SISTEMÁTICO, CHEIO DE REFUGOS.

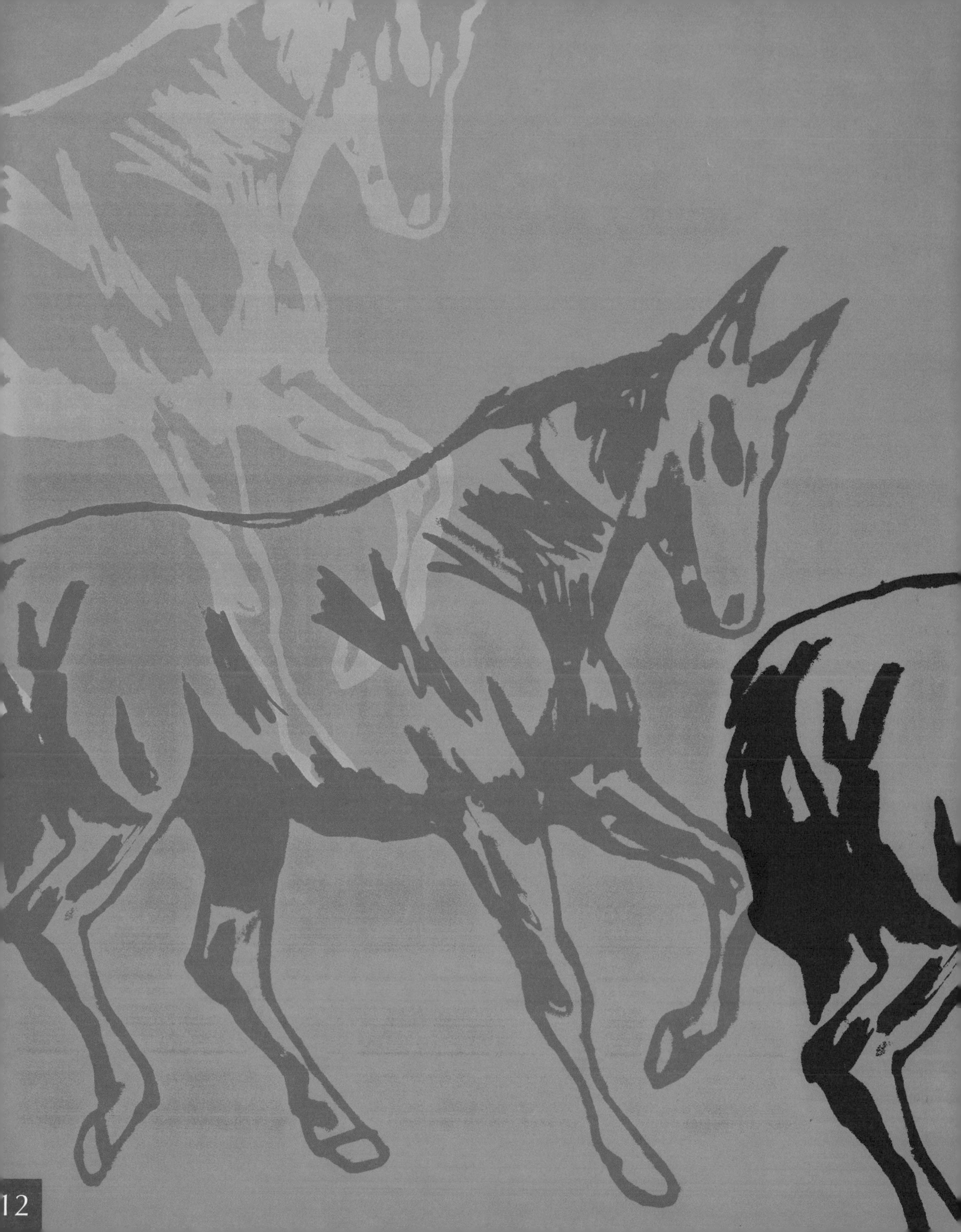

DE TROTE TÃO CURTO QUE DAVA DOR NAS COSTELAS.

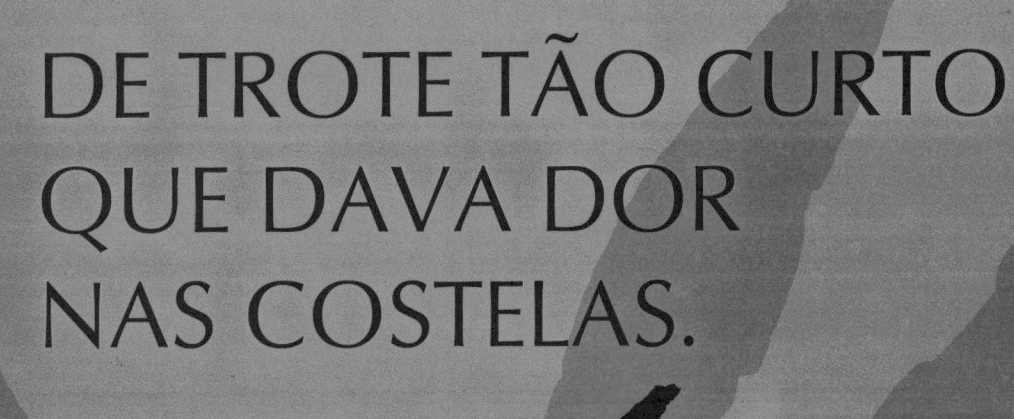

4

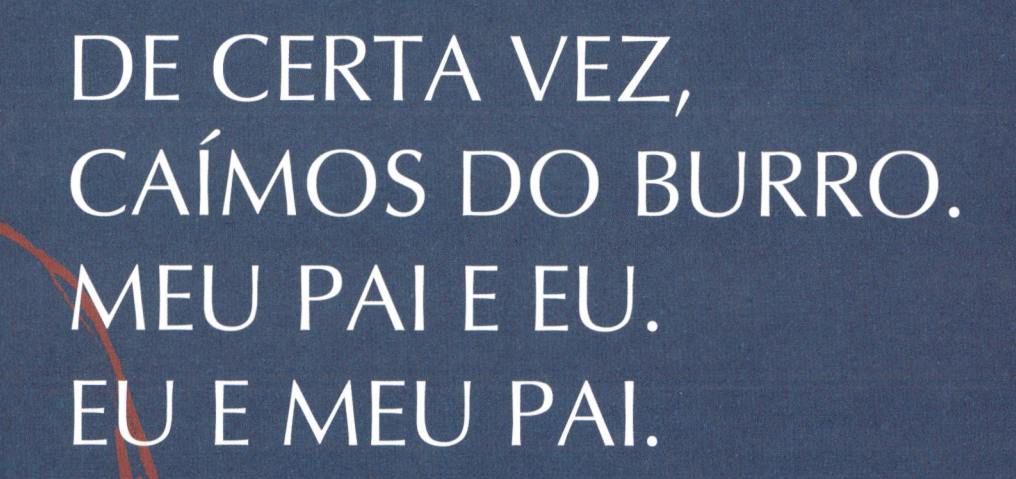

DE CERTA VEZ,
CAÍMOS DO BURRO.
MEU PAI E EU.
EU E MEU PAI.

16

EMBOLADOS.
JOELHOS ESFOLADOS
NO PEDREGULHO.

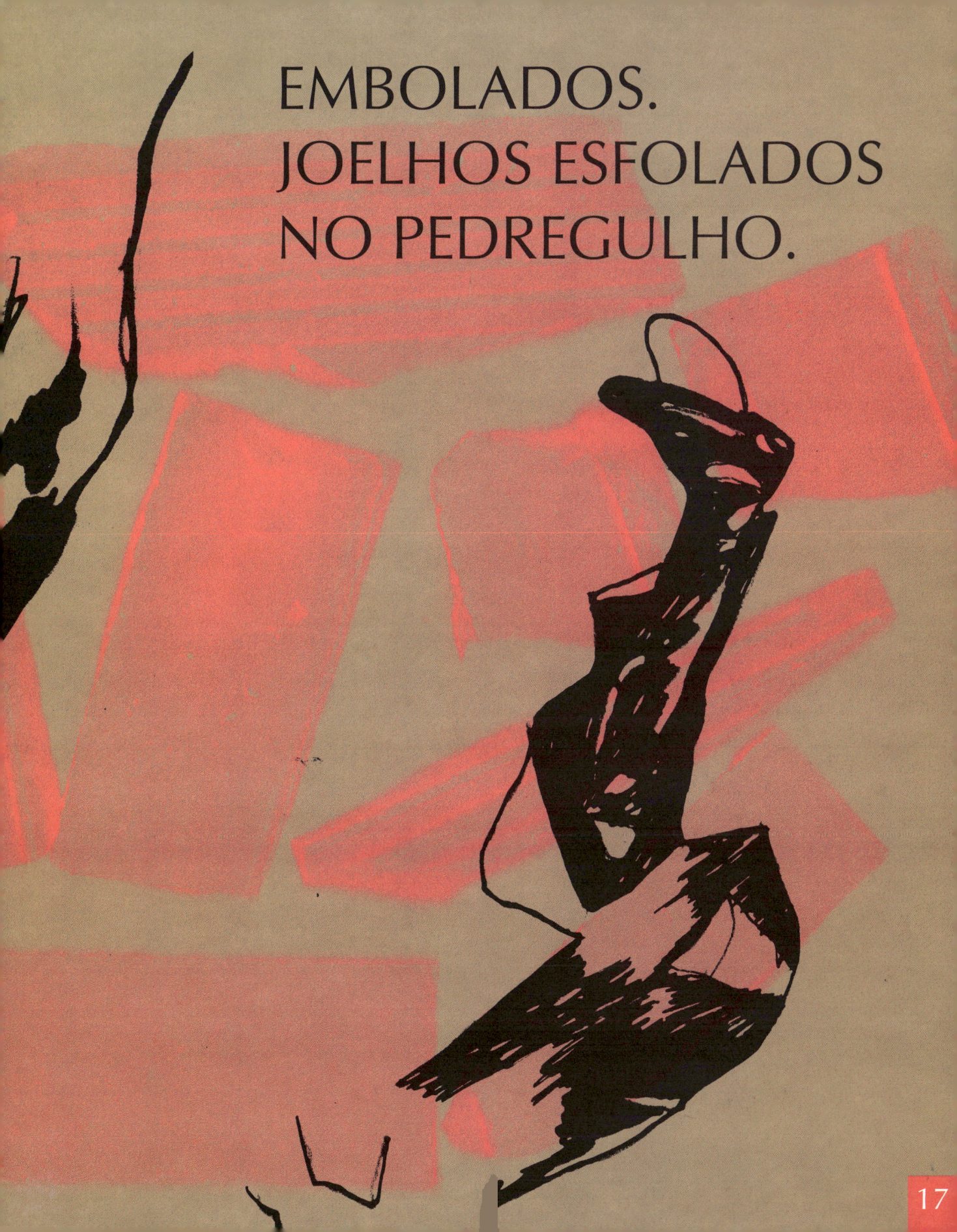

18

LEVAMOS
BONS COICES.
MEU PAI E EU.

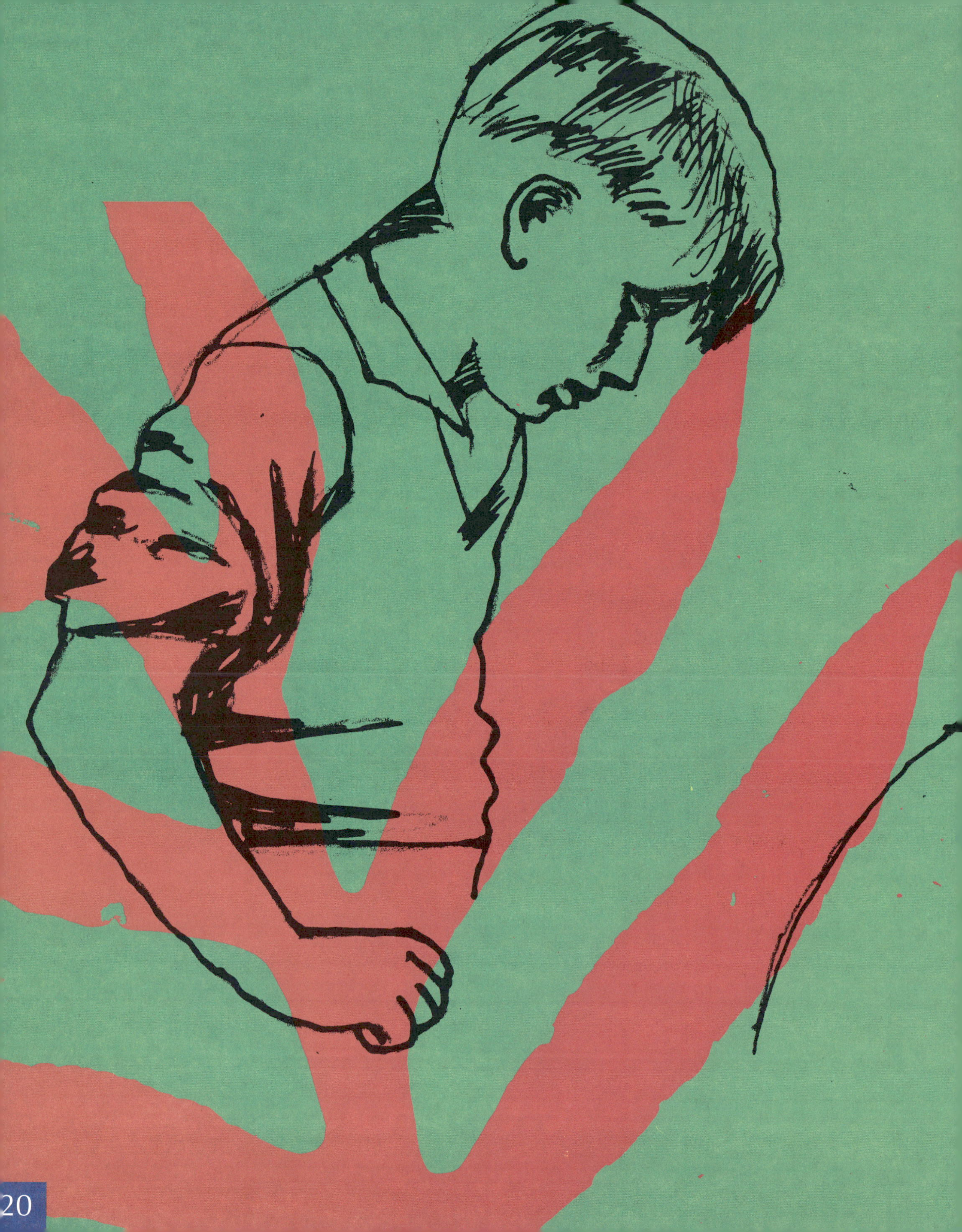

OS DOIS
NUNCA SUBIMOS
NA VIDA.

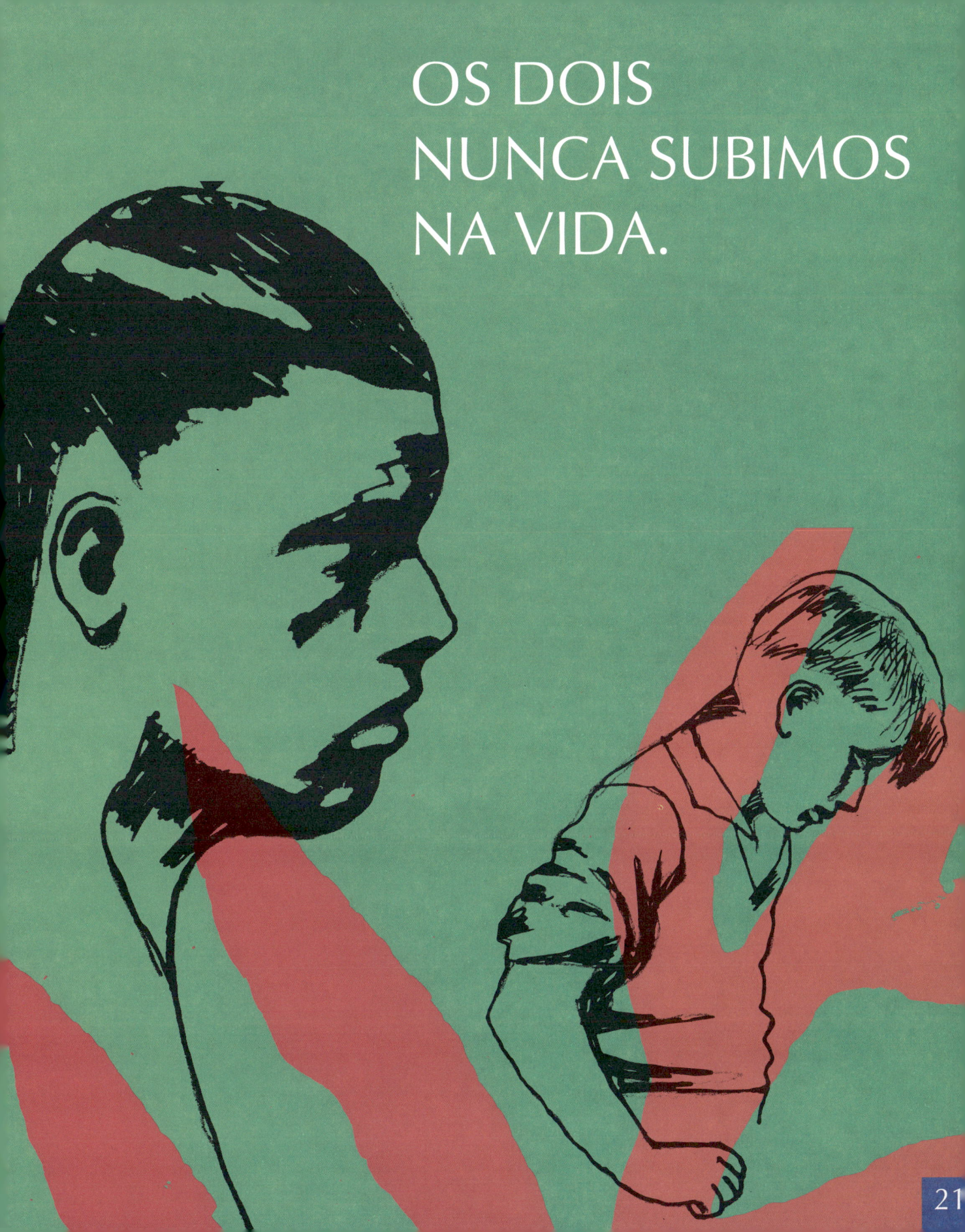

Meu pai e eu
nunca subimos
num alazão
que galopasse
ao vento.
Tínhamos
um burro
cinza malhado:
o Ligeiro.
Foi apanhado
de um conhecido
por ninharia.
Chegou com fama
de sistemático,
cheio de refugos.
De trote tão curto
que dava dor
nas costelas.
De certa vez,
caímos do burro.
Meu pai e eu.
Eu e meu pai.
Embolados.
Joelhos esfolados
no pedregulho.
Levamos
bons coices.
Meu pai e eu.
Os dois
nunca subimos
na vida.

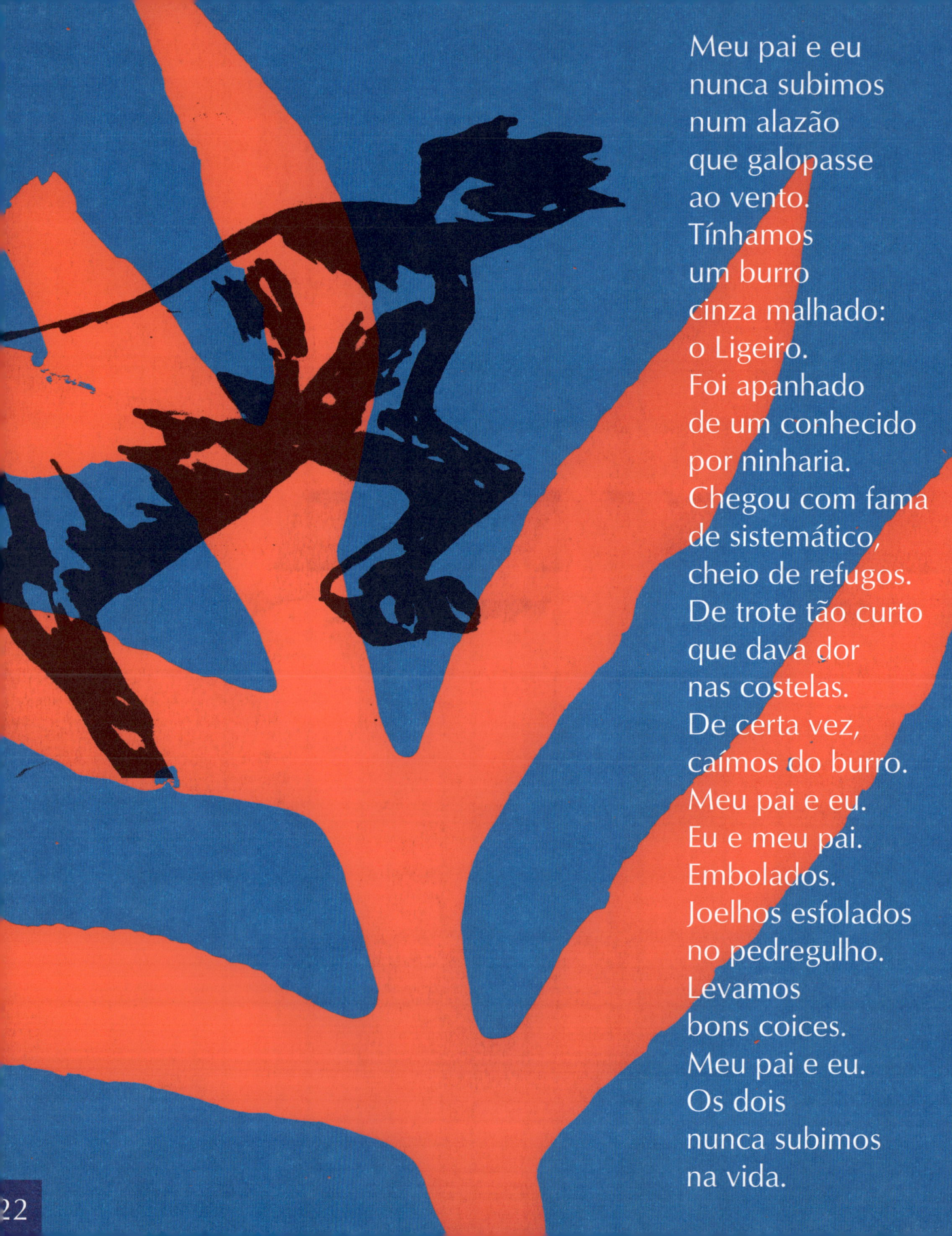

ESCOICEADOS

DONIZETE GALVÃO

23

ESCOICEADOS

Esse poema que termina de maneira surpreendente é composto por versos pequenos, sem que tenham entre si regularidade métrica, pois o número de sílabas pode variar de um a seis. Este último é o caso em "joelhos esfolados". De qualquer modo, trata-se de versos curtos, dispostos numa enfiada só, em uma única estrofe.

O uso de versos curtos como que imita o trote miúdo e sistemático do burrinho, que ao que tudo indica era chamado de *Ligeiro* apenas por graça e ironia. Decerto ele podia ser tudo menos veloz, em vista do seu comportamento "cheio de refugos", como diz o eu lírico. Animal ligeiro mesmo é aquele que o filho e o pai nunca puderam experimentar ou ter:

Meu pai e eu
nunca subimos
num alazão
que galopasse
ao vento.

Galopar ao vento é quase correr como o vento, é quase alçar voo, sem o constrangimento do passo pequeno. O alazão potente e desenvolto, que não empaca, solicitaria ritmo diverso daquele que fazem supor os versinhos meio atravancados, em *staccato*, que são os que dominam, explorando bastante o uso de *enjambements*, ou cavalgamentos. O sentido se interrompe sistematicamente, à maneira do burrico caprichoso, que sem mais nem menos para no meio do caminho. Tome-se como exemplo a sequência: "Meu pai e eu/ nunca subimos/ num alazão (...)", que forma uma única oração:

Meu pai e eu nunca subimos num alazão...

O sentido, no poema de Donizete, vem aos soquinhos, distribuído de maneira parcimoniosa, como quadrava àquela vida humilde, em que bens só são obtidos por *ninharias*. Do animal de trote tão curto se diz que "dava dor/ nas costelas". A cavalgadura a espaços tão exíguos de tempo leva a que o corpo sofra impactos continuados, impedindo o seu repouso. A leitura dos cavalgamentos sintáticos operados num campo diminuto nos obriga a uma experiência análoga: temos de desprender o ar aos poucos, e não de uma vez, como numa longa frase. A dor, no caso, é no pulmão. Como leitores, temos de ser pacientes e econômicos, assim como o eram o pai e o filho se quisessem, com um meio de condução tão *sistemático*, chegar a algum lugar. O termo *sistemático* merece, aliás, um breve comentário.

Quem for de Minas Gerais, especialmente da região Sul, estará em condição de captar melhor o sentido dessa palavra no contexto do poema. Lembremos, a esse propósito, trecho de um depoimento de Donizete Galvão para a revista *XILO*, em que se dizia fascinado pelos "arcaísmos que encontro na minha região, Sul de Minas, ou pelas palavras que ouvi na infância. Pelas diferenças de prosódia, pela riqueza vocabular".

O vocábulo *sistemático* tem, de fato, um sabor regionalista. Ele não diz respeito apenas ao que é metódico, ordenado. De alguém, por exemplo, que rigorosamente divide seu dia em tarefas, com determinados intervalos para o repouso e que postula metas a ser cumpridas, diríamos se tratar de um homem *metódico*; já daquele tio que, ao chegar em casa, não cumprimenta ninguém antes de ter lavado as mãos diríamos, por delicadeza ou pela falta de noções de psicanálise (que aí poderia ver um sintoma neurótico) ser um *sistemático*, alguém que aplica sistemas ou rituais a gestos e ações muito banais para quem o assiste.

O Ligeiro é dessa família esquisita de sistemáticos. Ele é "cheio de refugos", parecendo agir por desígnios estranhos a nós. Nem sempre obedece a ordem alheia, e quem nele montar pode correr o risco de levar uns tombos. Não há meios que dobrem um sistemático. O filho e o pai tiveram de se adaptar às peculiaridades do burrico, que parece mais dotado de vontade própria que seus donos, tão socados pela vida. Essa é uma inversão daquilo que fundamenta o processo civilizatório, a dominação da natureza, com sua cota não pequena de infelicidade. Mas a infelicidade, no poema, é sobretudo de outra ordem: em vez de submeter a natureza hostil, o homem é que foi submetido. No entanto a imagem do jumentinho derrubando os seus humildes donos não deixa de ter algo da primeira infelicidade, pois o animal intratável foi o que lhes coube na divisão dos bens sociais: ele é o refugo — o que foi desprezado no processo de apropriação da natureza porque a vontade humana não pôde apresá-lo. Assim como as terras estéreis e ruins são rejeitadas por quem pode pagar por um sítio mais produtivo. O bicho de quase nenhuma serventia, como as terras infecundas, só poderia pertencer mesmo a homens que não tiveram como impor o seu desejo — no caso, o de um cavalo ágil como o vento.

A natureza para sempre rebelde, tal como o animal que ficou indomado, parece comunicar uma energia próxima à daqueles indivíduos orgulhosos e conscientes de seu valor, que jamais dobram a espinha. Ela compete com o homem que quer dominar, e só aqueles homens que foram dominados e subjugados socialmente é que se curvam a ela. Quando um não quer, dois não brigam...

Evidentemente há ternura pelo burrinho da parte desse sujeito, ternura que decerto vem aumentada na rememoração da infância. Nela, as coisas mais difíceis podem se dourar sem que sejam por isso idealizadas. O nome *Ligeiro* com que se batizou a besta que anda aos trancos e barrancos revela certo humor da parte de seus donos, dispostos a brincar com a própria miséria e mesmo se afeiçoar a ela. Não deixamos de ter carinho pelos objetos toscos ou escassos, os únicos que pudemos adquirir e, justamente por isso, foram investidos de uma alma que, diante da variedade de ofertas, poderia se dispersar. Não deixa de ser animista a operação que investe o Ligeiro do traço de sistemático. Mas é também na imagem do áspero animal que está condensado o segredo dessas vidas, melhor dizendo, o seu destino irretorquível:

*De certa vez,
caímos do burro.
Meu pai e eu.
Eu e meu pai.
Embolados.
Joelhos esfolados
no pedregulho.
Levamos
bons coices.
Meu pai e eu.
Os dois
nunca subimos
na vida.*

A queda do pai e do filho, transcrita por meio de um expressivo quiasmo, tem dimensão reveladora e simbólica. É a imagem de um momento fundamental, em que se decide o destino de ambos. Uma vez caídos no chão, ficarão no chão para sempre. Cair do burro passa a significar agora não subir socialmente, e aqui voltamos ao que dizíamos linhas atrás. A humilhação de se submeter a um animal adquirido por ninharia é reposta e produz mais humilhação: quem nunca subiu não subirá. Como diz a letra de uma música bastante tocada nas rádios:
"O de cima sobe /o de baixo desce".

O poeta deu destaque ao sujeito da queda, fazendo-o constituir dois períodos sintáticos autônomos e operando o revezamento dos seus termos: "De certa vez/ caímos do burro./ *Meu pai e eu./ Eu e meu pai*". Isolados por ponto final, em vez de se articular com "caímos" numa oração só, essas palavras ganham em visibilidade e ficam girando no ar, como membros de um corpo decepado. A repetição dos termos, embora invertidos, tem algo de uma lembrança insistente, que se repete para ganhar forma. E, com efeito, ela se adensa cada vez mais, chegando a romper a distância entre o passado e o presente de quem rememora. Pois a surpreendente silepse do fim parece não só fundir verbo e sujeito de pessoas diferentes como temporalidades distintas. Enquanto diz "os dois", parece haver distanciamento entre o *eu que recorda*, já adulto, e *o menino recordado*. Contudo, a partir do momento em que diz "subimos", não parece ser mais possível o discernimento entre essas instâncias. Se tivesse optado por "Os dois nunca subiram", se tivesse optado, portanto, pela concordância gramatical e apenas pela terceira pessoa (a pessoa do ele, a pessoa que não está em cena), então poderíamos ficar certos de que o passado está longe e de que o homem que fala agora não é mais o menino de outrora. Mas não é isso que parece ocorrer.

A inserção da voz atual na referência ao acontecimento pretérito, que enraizou, no entanto, o presente, indica que a humilhação não é coisa superada. O passado não foi enterrado, sendo antes matéria de *ruminação*. Não é à toa que o livro de Donizete Galvão se chama *Ruminações*. Assim como nos bois os alimentos voltam do estômago à boca e são remastigados sem cessar, assim aquilo que deveria ter sido de uma vez engolido volta à boca do poema com um gosto de antigo e novo. Mas não se engole de uma vez porque também não foram dadas condições para isso — o filho não subiu na vida, não deu um passo à frente do pai. Ambos foram submetidos não só pelo burro como pela ordem do mundo. Falar do pai é, de certo modo, falar de si mesmo também. Filho e pai estão igualados numa história que sempre parece se repetir. O dinamismo interno do quiasmo, em que os termos mudam de posição como numa contradança, pode causar a ilusão temporária de diferenciação e progresso, ilusão que ele próprio, no entanto, trata de retirar.

Priscila Figueiredo

Esse texto é uma versão pouco modificada do publicado em 2003 na seção Ponto.com Poesia do site aloescola, da TV Cultura, destinado a professores da rede pública de ensino médio. Priscila Figueiredo é poeta e crítica. Desde 2012 é professora de literatura brasileira na USP.

Foto: Inês Raphaelian

Sobre o ilustrador de ESCOICEADOS

O trabalho de **Carlos Clémen** nas artes gráficas brasileiras foi de inovação, quando a palavra não era conceito de moda. Como artista plástico, sua arte da ilustração *contagiou* com audácia a programação visual de jornais, revistas e editoras de livros. Há na sua incessante atividade artística muito de história e futuro a mostrar-se. É também o criador do logotipo da Casa de Virgínia, como o foi do insubstituível selo da Musa Editora. Há tudo o que contar e o que apreciar desse artista argentino radicado no Brasil, desde os anos 1970.

Carlos Clémen nasceu em Buenos Aires, Argentina. Reside no Brasil desde 1971. Estudou desenho, pintura e escultura de 1955 a 1963 na Escuela Nacional de Bellas Artes, *atelier* de J.C. Castagnino e Sociedad Estímulo de Bellas Artes. Estudios de Estética e Teoria da Arte com o professor Raúl Sciarreta. Integrou a Comisión Directora de la Sociedad Argentina de Artistas Plásticos. Participou como jurado em Salões Provinciais e Metropolitanos de Buenos Aires. Ministrou aulas no seu *atelier* e em universidades do Brasil. Ilustrador, designer e programador visual de jornais, revistas e livros.
Realizou 32 exposições individuais e participou de mais de 50 mostras coletivas. Possuem obras suas coleções públicas e privadas de Brasil, Estados Unidos, Argentina, Portugal e Paraguai.

Um Poema, Um Livro

Um Poema, Um Livro destina-se a todos os públicos, na sua concepção em série. Pretende *fisgar* leitores de todas as idades, escolaridades e classes sociais para a Literatura (assim com L maiúsculo). A Literatura não discrimina ninguém. Ela convida a todos à ceia da linguagem artística, universal e nacional (que é também universal). E assim será a coleção *Um Conto, Um Livro*, que estreará com
Uma Casa Assombrada, de Virginia Woolf, tradução de Antonio Carlos Olivieri.
Outros contos e poemas estão programados
A degustação do poema *moverá* o leitor à leitura de novos poemas. Se for o poema realmente poesia *moverá* a novas leituras, quem sabe suscitará o amor à excelência da Poesia.

Aspira-se a atrair público ao gosto da Poesia em todos os gêneros artísticos, com o recurso de apresentar as estrofes ou trechos da obra, poema ou conto, em caracteres ampliados, enfatizados por ilustrações supercoloridas, visando às pessoas com deficiência visual ou em fase tardia de letramento e alfabetização dos jovens e adultos, negligenciados em sua *alimentação* literária, na família, na escola e na comunidade. O que beneficiaria também as crianças, que lerão o extenso por etapas curtas.
Ao final do livro, em caracteres normais, o poema ou o conto inteiro é apresentado ao leitor, quiçá o lerá motivado pelos excertos sequenciais ilustrados.

Escoiceados, o poema da infância do poeta mineiro Donizete Galvão, que nasceu no interior – na bela cidadezinha das boas escolas, Borda da Mata –, e migrou para São Paulo, inaugura esta coleção e a nova Editora Casa de Virgínia, com sede em Itajubá, Sul de Minas, cidade polo ao redor de muitas cidades maiores e menores, no vale banhado pelo rio Sapucaí, entre as alterosas azuis da Serra da Mantiqueira, em ponto estratégico de Minas Gerais, entre São Paulo e Rio de Janeiro.
O nome Casa de Virgínia é uma homenagem à Virginia Woolf, e à cidadezinha de Virgínia, situada também entre *montanhas formosas* da Mantiqueira, ao redor das estâncias mineiras das águas virtuosas.

Um Poema, Um Livro, desde que seja Poesia. O critério de escolha.

31

1ª edição 2014
impressão: Mundial Gráfica
papel de miolo offset 150g
papel de capa   cartão 300g
tipografia: Optimum